W0244141

Gerhard Priewe | Jürgen Bummert

HÜHNER-GÖTTER

Glückssteine vom Strand

HINSTORFF

Inhalt

Die imposante Kreideküste von Rügen entstand vor rund 70 Millionen Jahren.

Der Glücksbringer

Als ich krank war, kam mein achtjähriger Enkel Max zu mir ins Krankenhaus, drückte mir einen Hühnergott in die Hand und sagte: »Jetzt wirst du gesund werden, Opi, der wird dir Glück bringen.«

Er hing dann über meinem Bett, und mein Blick ruhte auf ihm, jeden Tag, jede Stunde. Ich sah ihn an und dachte an die Glückwünsche meines Enkels. Sie hüllten mich in ein wohltuendes Gedankengeflecht, jeden Tag, jede Stunde.

Bald war ich von meiner schweren Krankheit genesen. Das ist jetzt drei Jahre her, aber der Gedanke an die Umstände meiner Genesung, meinen Enkel und den Hühnergott, hat mich bis heute nicht verlassen. Gibt es das wirklich? Kann ein Hühnergott Glück bringen? Oder waren es die Glückwünsche meines Enkels, die mich gesund machten? Vielleicht war es beides? Möglicherweise die Inkarnation seiner und meiner Wünsche in diesem Stein?

Seit Jahrhunderten glaubt man daran, dass Hühnergötter Glück bringen. Man sagt, dem, der sie findet, aber auch dem, der sie aus Liebe oder Freundschaft geschenkt bekommt.

Wer im Sommer die vielen Menschen am Strand bei ihrer Suche nach diesen Glücksbringern beobachtet, wird sich belustigt oder nachdenklich fragen, ob man sein Glück wirklich einfach so finden oder geschenkt bekommen kann.

In einer anrührenden Liebesgeschichte aus dem Jahre 1963 lässt der russische Schriftsteller Jewgeni Jewtuschenko den Protagonisten gestehen:

»Ein Hühnergott – das ist ein Meersteinchen mit einem kleinen Loch. Man sagt, die Krimtataren hätten geglaubt, dass ein solches Steinchen, mit einem Faden an die Hühnerstange gehängt, das Federvieh zu besserer Legetätigkeit ansporne. Daher auch der Name Hühnergott. Später kam der Glaube hinzu, dass er auch den Menschen Glück bringe. Mir scheint, ein bisschen glaubt jeder an solche Glücksbringer, die einen mit kindlich vertrauensseliger Offenheit, die anderen heimlich, mit mürrischer Verbissenheit. Ich glaube heimlich daran.«

Hühnergötter sind Fundstücke von schlichter und klarer Schönheit, denen etwas Geheimnisvolles, ein Hauch von Ewigkeit anhaftet, mit einer sie umgebenden Aura stiller Nachdenklichkeit. Sie beflügeln die Fantasie, lösen Träume und Wunschvorstellungen aus und machen Mut, nicht nur zum Nachdenken über die Natur, sondern auch zur Selbstreflexion.

Was will ich? Wovon träume ich? Was ist Erfüllung? Wobei soll mich der Hühnergott schützend begleiten? Es sind die Fragen, die Raum geben für sehnsuchtsvolle Ahnungen und Glücksträume. Wer Ausschau nach einem Hühnergott hält, ist auf der Suche nach Glück und hat schon eine Vorstellung davon, was für ihn Glück bedeutet. Wer den ersehnten Hühnergott dann gefunden hat, glaubt noch stärker an sein Glück. Glaube aber versetzt Berge, wirkt wie ein Kompass in den Wirrnissen der Zeit.

Hühnergötter stellen so gesehen nicht nur wundersame Kreationen der Natur dar, sondern auch Inspirationsquellen und so etwas wie Schutzgeister, die viele ständig bei sich haben, in der Jackentasche, auf dem Schreibtisch, im Auto.

Der ukrainische Poet Juri Sbanazki erzählt in einem 1973 beim Kinderbuchverlag Berlin erschienenen Buch von der leidenschaftlichen Suche der Urlauber an der Schwarzmeerküste nach diesen Steinen:

»In der Hand hielt Serhiko einen wundervollen Stein. Er drückte ihn so fest, dass die Fingernägel sich blau färbten. Erregt blickte er um sich. Er bildete sich ein, hinter den schwarzen Sonnenbrillen seien schon alle Augen auf seinen Fund gerichtet und alle streckten die Hände aus, um ihm den kostbaren Schatz zu entreißen. Langsam dann öffnete er die erstarrte Hand. Darin lag, feucht von Schweiß, ein Hühnergott. Aber was für einer! Ein wahres Prachtstück, wie man es sich schöner nicht vorstellen kann. Er funkelte in der Sonne in einmalig schönen Farben und lachte Serhiko geradezu an. Blaue und grüne, weiße und schwarze Adern verliefen auf ihm, und er sah wie in Morgennebel gehüllt aus, schimmerte leicht aschgrau und hatte sein Loch genau in der Mitte. Er suchte sich einen ruhigen Platz und hielt ihn vor das rechte Auge. Das linke Auge kniff er zu und betrachtete dann die Umgebung durch das Loch des Gottes.«

Eindrucksvoll schildert Sbanatzki, wie sich Serhiko dabei das wundersame Bild einer Märchenwelt eröffnete, die wieder verschwand, als er fassungslos vor Glück den Hühnergott sinken ließ. Später erzählte man ihm, dass diese Steine mit Löchern Glück brächten und dass ein Mensch, der einen Hühnergott um den Hals trägt, nicht ertrinken könne.

Serhiko fühlte sich durch den Besitz des Hühnergottes als der glücklichste Mensch der Welt. Er war sich sicher, dass er »etwas Ungewöhnliches, Unfassbares, Herrliches und den anderen Menschen Verborgenes« entdeckt hatte. Von seinem Glück überzeugt, tat er nun auch alles, um glücklich zu sein, wodurch ihm alles, was er anpackte, im Gegensatz zu anderen Figuren dieser Geschichte, auch gelang.

Der Münchener Buchautor Rainer Erler beschreibt in seiner 1988 erschienenen Liebesgeschichte »Der Hühnergott« ebenfalls die Zauberkräfte dieses Glücksbringers. Der Held seiner Romanze, Andreas Bluhm, findet bei einem Spaziergang, den er

Drei »Zeitgenossen« im Kräftespiel der Ostseewellen

an seinem zehnten Geburtstag gemeinsam mit dem Vater in den Karpaten unternimmt, in einem Gebirgsbach einen Hühnergott,

»... ganz zufällig, ohne nach etwas zu suchen. Am Rand des Baches. Fein und dünn zugeschliffen wie ein Medaillon. In der Form eines Tropfens. Kalkig weiß mit zwei dunklen, sich verästelnden Adern. Und dort, wo der Tropfen sich verjüngte, wo er schmal und geschmeidig auslief wie zu der Spitze eines prähistorischen Pfeils, dem die Schärfe genommen war, verwittert von Wasser und Wind und den Jahrtausenden, da war ein Loch.

Das Amulett war durchbohrt, offenbar der Symmetrie zuliebe, an der exakt richtigen Stelle. Zufall, ein Spiel der Natur. Denn der Junge war gewiss das erste menschliche Wesen, das diesen seltsam geformten Stein je berührte.«

Von seinem Vater erfährt Andreas, dass dieser Lochstein Glück bringt, aber nur dem, der ihn findet. Er besorgt sich ein Lederband, hängt sich den Talisman um den Hals und fühlt sich mit einem Mal unverwundbar. Sein ganzes Leben lang trägt Andreas Bluhm den Hühnergott bei sich, und in kritischen Situationen genügt ein Griff in die Tasche, die bloße Berührung mit seinem treuen Talisman, um solche Gefühle wie Selbstvertrauen und Überlegenheit signalisiert zu bekommen.

»Oft waren es nur Minuten gewesen, manchmal nur wenige Sekunden, eine Art Meditation mit diesem Stein in der Hand, Augenblicke der Besinnung, des Nachdenkens, der Ruhe. Die vermeintlichen Probleme und Konflikte erschienen plötzlich in einer neuen Sicht.«

Andreas Bluhm verdankt dem Stein im weiteren Fortgang des Buches seinen erfolgreichen Weg als Wissenschaftler und schließlich im Alter von 50 Jahren auch die Wiederbegegnung mit seiner großen Liebe Alexandra und sein persönliches Glück.

Ruhe und Ausdauer erleichtern den Fund eines Hühnergottes.

Ein weiterer Nachbar des Hühnergottes ist der maritime Bernstein:

Fossiles Harz, das oft Einschlüsse von Insekten und Pflanzenteilen enthält.

Wer die Suche genießt, verliert sich nicht in Ungeduld.

Ein schönes und seltenes Fossil – doch nicht das begehrte!

Am Ziel der Suche

Ein Talisman in der Tasche vermag Angst vor der Zukunft zu nehmen.

Hühnergötter sind seit Langem bekannt und begehrt. Alljährlich suchen Einheimische und Urlauber – in unseren Breiten insbesondere am Ostseestrand – mit Argusaugen nach ihnen, denn neben Bernsteinen, Donnerkeilen und Seeigeln gelten sie als besonders gute Talismane. Geheimnisvolle Kräfte werden den Lochsteinen seit jeher zugeschrieben, in den unterschiedlichsten Regionen mit den verschiedensten Bezeichnungen. Druden- oder Trudensteine, Schratensteine, Truttelsteine, Krottensteine, Alpfüße ... diese alten Namen erzählen vom Glauben aus früheren Zeiten: Ein Lochstein sollte vor gefürchteten Geisterwesen und Hexen wie Trud, Mahr und Alp oder vor dem bösen Blick schützen. Auch bei den Dänen, die sie Lykkesten nennen, sind die Lochsteine als Glücksbringer bekannt. In Deutschland, insbesondere im Neufünfland (den 1990 der Bundesrepublik beigetretenen Ländern), überwiegt der Name Hühnergott.

Sowohl im slawischen als auch im germanischen Götterglauben spielten die Lochsteine als dämonische Werkzeuge gegen böse Geister eine große Rolle. In Russland kurierte man damit kranke Zähne. Die Paläontologen Erich Thenius und Norbert Vavra schrieben in ihrem Buch »Fossilien im Volksglauben und im Alltag«, dass die Löcher in den Steinen böse Geister in die Irre leiten sollten, da dieselben nämlich »... nie Türen benützen, sondern Schlüssellöcher und Ritzen«. Auf Rügen molken die Bauern früher durch Lochsteine, damit die Milch nicht verdirbt. In anderen Regionen trug man sie als Amulett gegen schlechte Träume oder verbarg sie im Dachstuhl, damit der Blitz nicht einschlägt.

Ehrgeizige Eltern legten ihren Kindern die Steine unter das Kopfkissen, damit sie in der Schule gute Noten erhielten. Auch der Brauch, durch das Loch des Hühnergottes in die Sonne zu schauen und sich dabei etwas zu wünschen, ist vielerorts anzutreffen. In England, Frankreich und in der Schweiz wurden Lochsteine in Ställen aufgehängt, um das Vieh vor Unheil zu schützen.

In Norddeutschland hat sich immer stärker der Glaube durchgesetzt, dass der Hühnergott vor allem ein Talisman für den Menschen ist. Für viele ist er aber nicht nur das, sondern Schmuck und Erinnerungsstück. Wenn Touristen mit einem besonders schönen Hühnergott, den sie als Amulett an einer Silberkette oder einem Lederband tragen, die Heimreise antreten, wird dieser neben der Hoffnung auf Glück auch die Freude an einem seltenen Schmuckstück und die Erinnerung an einen unvergesslichen Urlaub beinhalten.

Im Gegensatz zu manch anderen Göttern, die nur ihre Stellvertreter auf die Erde schicken, ist der Hühnergott ein Gott, den man wahrhaftig vor sich hat. Und alle, die einen solchen Lochstein bei sich tragen oder mit ihm ihr heimisches Milieu »vergöttern«, scheinen sich in seiner Nähe wohlzufühlen. In der Verwendung als Gebrauchsgegenstand sind der Fantasie keine Grenzen gesetzt. Während in früheren Zeiten die Ostseefischer die Lochsteine zur Beschwerung ihrer Netze benutzten, werden sie heute verbreitet als Kugelschreiber- und Teelichthalter, als Buchstützen oder Deko-Ketten in Gärten oder auf Terrassen verwandt. Kleine Exemplare eignen sich als Ohrringe oder auch als Knöpfe. Die bekannte Rostocker Schmuckgestalterin Hannelore Bauer fertigt aus Hühnergöttern und anderen interessanten Fundstücken ihren fast schon legendären und weit verbreiteten »Ostseeschmuck«. Die »Sassnitzer Blumentöpfe«, die großen Brüder der kleinen Hühnergötter, sind vielerorts in Mecklenburg-Vorpommern, in Vorgärten oder vor Haustüren, zu finden. Im Ostseebad Kühlungsborn ist es seit einigen Jahren üblich, mit den Urlaubern sogenannte »Hühnergott-Wanderungen« zu veranstalten. So treffen sich z. B. regelmäßig Touristen vor dem »Haus des Gastes« an der Kühlungsborner Uferpromenade, um »auf den Spuren der Hühnergötter« eine 15 Kilometer lange Wanderung zu absolvieren. Die Rostocker Olympioniken erhielten bei ihrer Verabschiedung zu den

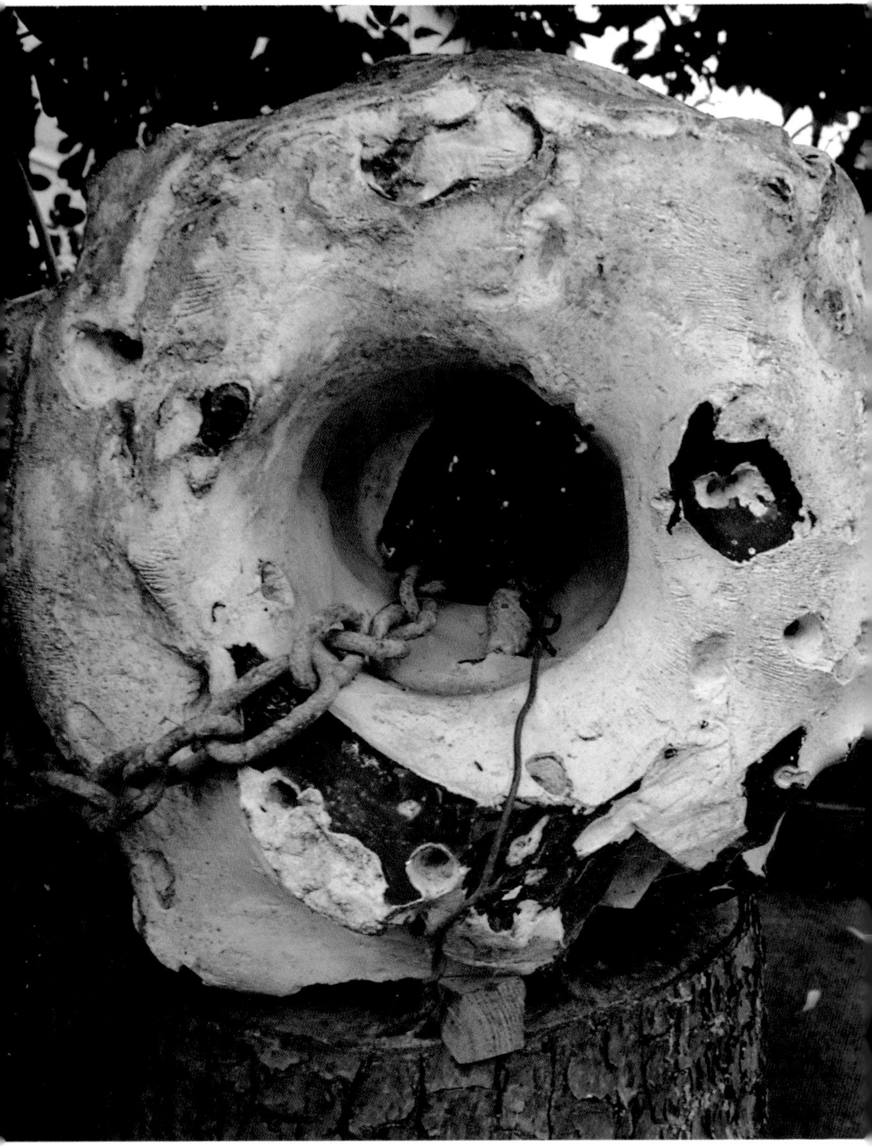

Gesichertes Glück? Ein »Sassnitzer Blumentopf«

Olympischen Spielen 2004 in Athen sogar von offizieller Seite Hühnergötter als Glücksbringer.

Im Ostseebad Rerik hat eine Mitarbeiterin der Kurverwaltung, Anne-Katrin Freundt, vor einigen Jahren das Hühnergottfest ins Leben gerufen, das regelmäßig zur Osterzeit auf dem Spielplatz der Haffpromenade gefeiert wird. Vorab werden durch die Ortsbewohner und Urlauber auf einem Strandspaziergang Hühnergötter gesucht, die dann, zu einer Kette aufgefädelt, an einem neben dem Heimatmuseum stehenden Birnbaum angebracht werden. Der bisherige Rekord steht bei einer Hühnergottkette aus 1 073 Steinen. Inspiriert durch die Formenvielfalt der Flintsteine schuf der Rostocker Journalist und Bildhauer Günter Brock die Plastik »Der Hühnergott und sein Volk«, die, bestehend aus 40 Hühnergöttern, humoristisch die hierarchischen Strukturen der Gesellschaft symbolisiert.

In Warnemünde gab es lange Zeit eine vom Inhaber Detlev Koine betriebene Gaststätte »Zum Hühnergott«, die mit unzähligen Lochsteinketten und Hühnernestern dekoriert war und in der Kinder ihre Mahlzeit in der Währung »Hühnergötter« bezahlen durften.

Um dem wachsenden Interesse der Touristen an Hühnergöttern entgegenzukommen, hat der Förderverein Nationalpark Jasmund e.V. in der Nähe des Königsstuhls ein Fossilienfeld angelegt, auf dem Besucher Hühnergötter und andere Kreideeinschlüsse finden können. Denn an der naturgeschützten Kreideküste soll die Suche nach diesen Glücksbringern möglichst vermieden werden.

Fest steht, dass in den letzten Jahren das Interesse an den Hühnergöttern und ihrer Geschichte stark angewachsen ist, was nicht zuletzt den erfolgsträchtigen jahrelangen Recherchen von »Hühnergottologen« wie Volker Janke, Oliver Zelt, Holger Kankel und vielen anderen zu verdanken ist.

Viele »vergöttern« ihr Umfeld mit Glücksbringern.

Beeindruckende Sammlung in Sassnitz auf Rügen

Ungewöhnlicher Schmuck für den Hauseingang

Jeder einzelne Stein muss gefunden werden.

Welch ein Ergebnis und Erinnerungssegen!

Das Meer arbeitet bis heute an den Hühnergöttern.

Wie entstand der Gott aus dem Meer?

Hühnergötter sind Steine mit einem natürlich entstandenen, durchgehenden Loch. Es handelt sich dabei in der Regel um Feuersteinknollen, auch als Flintsteine bekannt, mit herausgewaschenen Kreideeinlagerungen. Der »echte« Hühnergott hat ein Loch von etwa vier bis zehn Millimetern Durchmesser, in dem meist fossile Seeigelstengel eingelagert waren, die durch die Meeresbrandung in Tausenden von Jahren ausgewaschen wurden. Bis heute arbeitet das Salzwasser daran. Denn in den Steinen befinden sich mitunter immer noch Moostierchen und Reste von Korallen, Muscheln, Schwämmen oder Seeigelstacheln.

Die größeren Brüder der »echten Hühnergötter«, die oft mehrere Zentner schweren »Sassnitzer Blumentöpfe«, werden von den Geologen als Paramoudras bezeichnet. Auf welche Weise sie entstanden sind, ist bis heute nicht genau geklärt.

»Geboren« sind die Hühnergötter in der Kreidezeit vor etwa 70 Millionen Jahren. Auf dem Meeresboden lagerten sich damals die Überreste von Tieren und Pflanzen ab. Größtenteils setzen sich die Ablagerungen aus den nur Bruchteile von Millimetern messenden Kalkplättchen planktischer Algen und kleinster Schalentierchen zusammen. Eine unvorstellbar große Zahl von Kalkschalen und Schalenbruchstückchen kleinster Meeresorganismen bildete also die Ablagerungsgrundmasse, die Jahr für Jahr etwa um einen halben Millimeter wuchs. Man kann sich ausrechnen, wieviele Millionen Jahre erforderlich waren, um z. B. die mehr als hundert Meter starken Kreideschichten auf der Insel Rügen zu bilden.

In der Kreidezeit entstanden auch die so gut wie jedem bekannten Feuersteine, die der charakteristische Bestandteil jedes Geröllstrandes an der Ostseeküste sind und während der Eiszeit eine riesengroße Verbreitung bis hin zum Mittelgebirge erfuhren. Dunkelgrau, fast schwarz, mit einer dünnen weißen Rinde umgeben, sind sie heute an Stränden, auf Äckern und in Kiesgruben zu finden.

Feuersteine bestehen aus Krypto- bis Mikroquarz, einem Gemenge von Chalcedon und Opal, deren Grundsubstanz kristallisierte Kieselsäure ist, die im Ergebnis komplizierter chemischer Vorgänge aus dem Kreideschlamm am Meeresboden abgeschieden wurde. Die schwarzen Bänder, die am Kreidesteilufer auf Rügen die weiße Kreide in regelmäßigen Abständen durchziehen, sind Feuersteinschichten.

Bereits unsere Vorfahren schlugen diese harten Steine gegeneinander, um ein Feuer zu entzünden, weshalb sie später »Feuersteine« genannt wurden. Auch frühe Werkzeuge wie Faustkeile, Messer und Speerspitzen waren aus Feuerstein. Ebenso die Flinte, mit denen im 17. Jahrhundert Steinschlossgewehre gezündet wurden.

In der Zeit der Feuersteinbildung entstand neben den Hühnergöttern eine Reihe weiterer Fossilien vorzeitlicher Tiere und Pflanzen. Von Fossilwerdung, d. h. einer »Versteinerung«, spricht man dann, wenn im Laufe der Zeit durch physikalische und chemische Prozesse die Form toter Tier- oder Pflanzenkörper über lange Zeit mehr oder weniger erhalten blieb. Der feinkörnige Kreideschlamm oder gelöster Feuerstein drangen dabei in die vom Weichkörper freien Räume ein – Gehäuse von Muscheln, Schnecken, u. a. – und es entstanden darin sogenannte Steinkerne bzw. Ausgüsse. Zu diesen »Zeitgenossen« der Hühnergötter gehören Fossilien wie die versteinerten Gehäuse unterschiedlicher Seeigel- und Muschelarten, Versteinerungen von Rohrwürmern, Seelilien, Korallen, Kalk- und Kieselschwämmen sowie die Klappersteine.

Die relativ seltenen Klappersteine enthalten im Inneren je einen kleinen, von einer kugelrunden Feuersteinhülle umgebenen Kieselschwamm. Kann bei einer durchlöcherten Schale das Wasser die Kreide zwischen Feuerstein und Schwamm herauswaschen, ist dieser frei beweglich und klappert, wenn man ihn schüttelt. Aber auch Donnerkeile, die »Geschosse des Donar«, sind beliebte Fundstücke. Früher deutete man sie als Spitzen der vom germanischen Donnergott Donar geschleuderten Blitze. Später identifizierte man sie als die ausgestorbenen Belemniten, eine kalmarähnliche Tintenfischart, deren bis zu zehn Zentimeter lange Endstücke der Kalkschale (Rostrum) uns heute versteinert vorliegen.

Wenn man weiß, dass die ganze sogenannte Schreibkreide von Rügen aus den Schalenresten mikroskopisch kleiner Meerestierchen besteht, kann man die Kreideküste von Jasmund als eine einzige riesige Fossiliensammlung charakterisieren.

Unsere Glück bringenden Hühnergötter sind natürlich von ihrer äußeren Form her keine Fossilien, sondern beeindruckende Zufallsbildungen der Natur, die im Prozess der Feuersteinbildung oft sehr merkwürdige und interessante Formen hervorbrachte. Fische, Vögel, Bären und andere Tiere, auch Märchenwesen glaubt man mitunter zu erkennen. Kein Hühnergott ist wie der andere. Jeder hat seine eigene Geschichte, hat Geburtswehen und Wachstumsphasen hinter sich, ist unverwechselbar, unterscheidet sich von anderen in Färbung, Form, Größe, Figuration und Ausdruck. Der Finder und Liebhaber solcher Schöpfungen erlebt hier den eigenwilligen Gestaltungswillen der Natur, die in Jahrmillionen im Spiel und Kampf der Elemente gewachsenen Formen und Strukturen der verschiedensten Fundstücke. Es sind Kreationen der Natur, die unseren Form- und Farbsinn und unsere Fantasie anregen. Das klare und einfache Schöne ist hier das Geheimnisvolle. Momente der Glückssuche bekommen durch sie eine zarte Dimension spiritueller Vorsehung, durchdringen uns wie eine Melodie, die der Stille und dem ewigen Rauschen des Meeres entspringt.

Hühnergötter – das sind zu Stein gewordene Träume in einer oft traumlosen und hektischen Zeit.

Der steinige Weg in den Duden

Die Vorstellung, mit Hühnergöttern das Hausgeflügel gegen böse Geister schützen bzw. dasselbe zu höherer Legeleistung anregen zu können, ist jahrhundertealter slawischer Volksglaube. Das ist bereits in einem im 19. Jahrhundert erschienenen Wörterbuch der groß-russischen Sprache von Wladimir Dal nachzulesen. Dal beschreibt, wie die Slawen den schädlichen Einfluss eines weiblichen Hausgeistes, der sogenannten Kikimora, abwehren wollten. Die Kikimora galt als ein Poltergeist. Man sagte ihr nach, dass sie Fäden spann, polterte und das Hausgeflügel am Eierlegen hinderte. Um ihren bösen Einfluss von den Hühnern abzuwenden, hängte man den abgeschlagenen Hals eines Kruges oder aber einen Stein mit einem natürlichen Loch in den Ställen auf.

Die Kikimora trat bei den Slawen als alte, seltsam gekleidete, meist unsichtbare Frau in Erscheinung und versuchte, die Einwohner eines Hauses mit Geräuschen in den Wahnsinn zu treiben, bis diese das Haus verlassen. Danach stahl sie das Geflügel oder hinderte es am Eierlegen. Aus diesem Glauben könnte sich der Begriff »Hühnergott« erklären.

Der Chemnitzer »Hühnergottologe« Jochen Mette verweist darauf, dass Lochsteine als Talismane uralter, europaweit und darüber hinaus verbreiteter Volksglaube sind. Nur die Bezüge, insbesondere die Bezeichnungen der jeweils zugeordneten Gottheiten, haben starke Wandlungen erfahren, nicht aber der Kern des Mythos, der immer mit der Abwehr von Schaden für Geflügel, Vieh und den Menschen zu tun hat.

Hühnergötter sind in der Kreidezeit entstanden. Sie sind Feuersteinknollen, ihre Grundsubstanz ist kristallisierte Kieselsäure.

Demnach greift die Vermutung Jewtuschenkos in seiner eingangs erwähnten Erzählung (vgl. S. 7f.), dass es sich dabei um einen Glauben der Krimtataren handelt, zu kurz. Es spricht vielmehr alles dafür, dass die durch Stalin zwangsumgesiedelten Krimtataren diesen Brauch mit großer Wahrscheinlichkeit von ihren slawischen Nachbarn übernommen und weiter gepflegt haben. Auch das neueste Akademische Wörterbuch der Russischen Sprache enthält das gesuchte Lexem, mit folgendem Wortlaut: »Kleiner Stein mit einem Löchlein, der in der Eigenschaft eines Amuletts gebraucht wird.«

Wie aber fand es den Weg in die deutsche Sprache? Zunächst wurde angenommen, dass der Übersetzer der Erzählung Jewtuschenkos »Der Hühnergott«, Thomas Reschke, auch der Schöpfer dieses deutschen Wortes war. Er selbst schrieb 1996 in einem Aufsatz dazu:

»Oft kommt es nicht vor, dass ein Übersetzer zum Schöpfer eines neuen Wortes wird. In diesem Fall ist das Verdienst geringfügig: Das russische ›Kuriny bog‹ lässt sich nicht anders übersetzen als mit ›Hühnergott‹, so der Titel einer rührenden Liebesgeschichte von Jewtuschenko, die 1966 im Ostberliner Verlag Volk und Welt erschien.

Das Büchlein, eine echte Urlaubslektüre, mag damals viel von Ostsee-Sommerfrischlern gelesen worden sein, denn der Übersetzer (meine Wenigkeit) bekam über Jahre hinweg immer wieder durchlöcherte Ostseesteinchen mitgebracht oder zugeschickt. In den 70er Jahren gab es kaum einen DDR-Deutschen, der nicht wusste, was ein Hühnergott ist. Dem schmunzelnden Übersetzer, den gleichwohl Zweifel plagten, wurden diese durch zwei Umstände genommen: Die verdienstvolle und doch nach der Wende untergegangene Zeitschrift ›Sprachpflege‹ beantwortete eine Leserfrage nach der Herkunft des Wortes Hühnergott mit dem Hinweis auf die Jewtuschenko-Erzählung, und

Versteinerte Schönheit

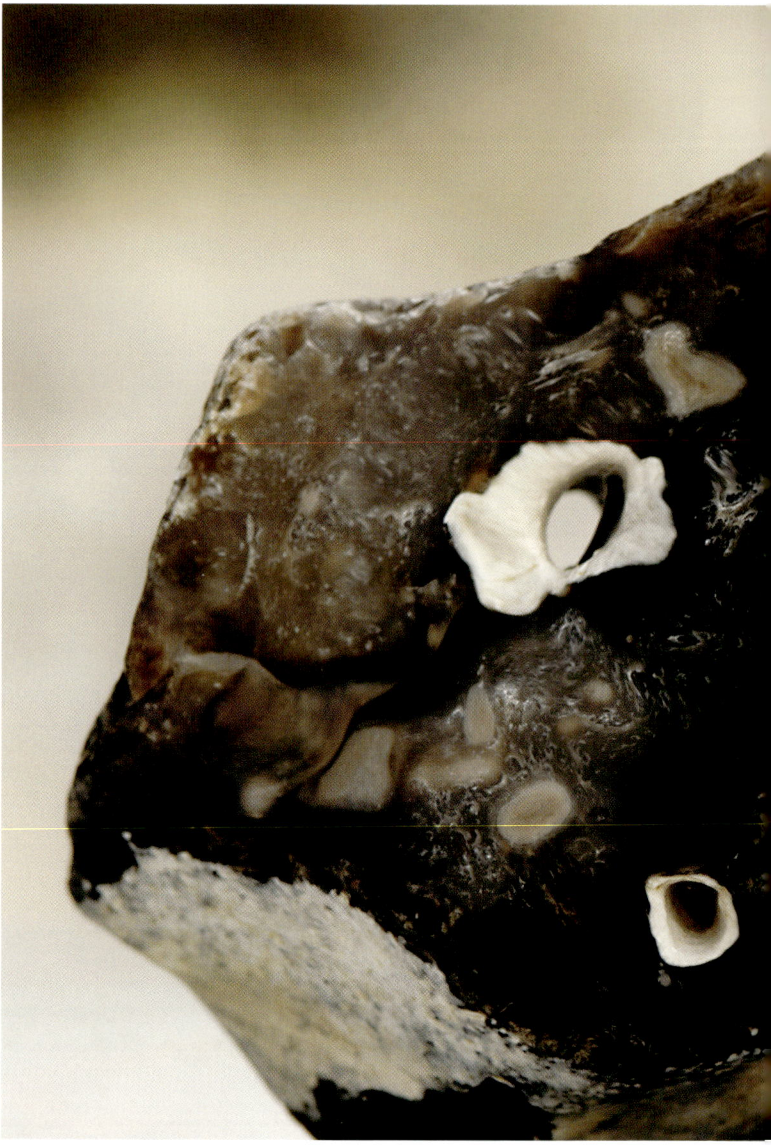

Kein Hühnergott gleicht dem anderen. Die äußere Form ist ein Zufallsprodukt natürlicher Gestaltungskraft.

Die russischen Wörter »Kuriny bog« bedeuten auf Deutsch »Hühnergott«.

eigene Recherchen in allen nur erreichbaren Nachschlagewerken (bis hin zum Handwörterbuch des deutschen Aberglaubens) blieben ohne Erfolg. Das Wort war nirgends verzeichnet.

1985 erschien die 18. Neubearbeitung des Großen (DDR-) Dudens. Darin fand sich erstmals folgender Eintrag: ›Hühnergott, Pl...götter (Lochstein als Amulett)‹. Der Übersetzer vermerkte für sich, dass ein Wort von seiner Entstehung bis zu seiner Kanonisierung (Dudeneintrag) neunzehn Jahre benötigt.

Aber die Freude hielt gerade fünf Jahre vor. Nach der freudig begrüßten Wende wurde mit viel Reklamegetöse der erste gesamtdeutsche Duden angekündigt. Es bedarf wohl keiner besonderen Erwähnung, dass der ›Hühnergott‹ das Schicksal zahlreicher anderer DDR-Sprachschöpfungen teilt. Woher sollten auch die Mitglieder der Mannheimer Dudenredaktion wissen, was ein Hühnergott ist? Deshalb verbinde ich mit der diese Woche erscheinenden Duden-Ausgabe auch keine großen Hoffnungen«. Der Pessimismus von Thomas Reschke war nicht unbegründet, denn die 1996er Auflage des Dudens enthält tatsächlich kein entsprechendes Stichwort.

Der Berliner Germanist Jürgen Scharnhorst schreibt dazu:

»Interessant ist nun, wie sich die Dinge nach der Wende entwickelten, als Ost- und West-Duden getreu der Devise ›Es wächst zusammen, was zusammen gehört‹, vereinigt wurden. Die in Mannheim seit 1954 erschienenen Dudenausgaben kennen alle keinen Hühnergott und auch der ›Einheitsduden‹ von 1991 (20. Auflage) hat dieses Stichwort nicht aufgenommen, obwohl die Leipziger Dudenredaktion laut Impressum an seiner Erarbeitung beteiligt war. Das gleiche gilt für die 21. Auflage von 1996. Aber in Mannheim erwies man sich als lernfähig. Von der 22. Auflage (2000) an gibt es den Eintrag zu unserem Wort: ›Hühnergott, Pl...götter (regional) für Lochstein (als Amulett)‹. Da darf man wohl mit Fug und Recht annehmen, dass die öffentliche Kritik des renommierten Übersetzers in Mannheim angekommen

war. Die Moral von der Geschicht: Manchmal hilft Sprachkritik, hier in der Form von Wörterbuchkritik.«
Lange glaubte Thomas Reschke, der heute in Berlin als freier Übersetzer lebt, an die Möglichkeit, im Jahre 1966 tatsächlich der Vater unseres Hühnergottes gewesen zu sein. Bis er nach langen Nachforschungen – bei denen er auf seine Bitte hin von vielen Hühnergottfreunden, zu denen in erster Linie der bekannteste Mecklenburger »Hühnergottologe« Volker Janke gehört, unterstützt wurde – herausfand, dass der Name Hühnergott möglicherweise schon seit längerer Zeit im Deutschen existiert.

Der älteste bisher bekannte Nachweis entstammt dem 1927 bei de Gruyter in deutscher Sprache (Berlin/Leipzig) erschienenen Buch von Dimitri Zelenin zur Russischen (Ostslawischen) Volkskunde, in welchem die russischen Wörter »Kuriny bog« als »Hühnergott« ins Deutsche übersetzt werden. Eine Bekannte Reschkes, die WDR-Redakteurin Angela Sussdorf, schrieb ihm, dass sie als Kind bei Wandertagen sogar in der Schwäbischen Alb Hühnergötter unter diesem Namen gesammelt habe. Auch Charlotte Krakow, über 80 Jahre alt und lange im Mecklenburgischen Volkskundemuseum Schwerin-Mueß tätig gewesen, will nach altem Brauch ihrer Eltern und Großeltern schon als Kind Hühnergötter gekannt und gesammelt haben.

Einen handfesten Beweis dafür, dass der Name »Hühnergott« sich hierzulande bereits vor 1966 im deutschen Sprachgebrauch befand, gibt es bis heute indes nicht.

Nachdem Thomas Reschke vor Jahren eine Kiste Sekt für denjenigen ausgeschrieben hatte, der einen solchen glaubhaften Beweis liefert, bot wenig später der Schweriner Ethnologe Volker Janke als Belohnung dafür einen »Sternberger Kuchen«.

Als wir uns im Mai 2006 in seinem Büro im Schweriner Landesmuseum zu einer Tasse Kaffee trafen und ich neugierig nach dem Sternberger Kuchen fragte, verwies er schmunzelnd auf seinen Schreibtisch, auf dem sich ein Exemplar dieses Kuchens, den ich

Vom »Sternberger Kuchen« bis hin zu einem solchen Seeigel – die Bandbreite bemerkenswerter Versteinerungen ist groß.

genüsslich zu dem servierten Kaffee verkosten wollte, befand: eine 25 Millionen Jahre alte Versteinerung, ein tertiäres Lokalgeschiebe, das von der Form her an einen Mandelkuchen oder eher noch an einen größeren Hamburger erinnert.

Hunderte solcher Prachtexemplare, oft »zum Anknabbern schön«, wurden in der Umgebung von Sternberg, wo sich vor ca. 23 bis 25 Millionen Jahren ein küstennaher Bereich der Nordsee befand, gefunden. Der da wartet immer noch geduldig auf seinen neuen Besitzer, meinte lächelnd Volker Janke.

Er bezweifelt genau wie ich, dass es je einen belastbaren Beleg für die Existenz des deutschen Wortes »Hühnergott« vor der Übersetzung der Jewtuschenko-Novelle durch Reschke geben wird. Janke zeigte mir auch eine handschriftliche Notiz des mecklenburgischen Volkskundlers Richard Wossidlo (1859–1939), in der er von »Steinen mit Loch zur Beschwerung von Aalschnüren« spricht, d.h. den Begriff Hühnergott nicht verwendet, weil er zu seiner Zeit noch nicht gebräuchlich war.

Auch Wolfhard Eschenburg, Sohn des bekannten Warnemünder Fotografen Karl Eschenburg (†) und selbst Fotograf, schrieb im Mai 2003 in einem Brief an Janke, dass bei der Renovierung des alten Fachwerk-Klehmstaken-Giebels in der Alexandrinenstraße 64 handvollweise Lochsteine durch den Enkel des Fischers Hasslinger und heutigen Hausbesitzer gefunden wurden: »Diese Glücksbringer haben bei uns früher nie eine andere Bezeichnung als Lochsteine gehabt.«

Aus volkskundlicher Sicht ist interessant, dass es den Begriff Hühnergott nur in der DDR gab, nicht aber westlich der Elbe, was zweifellos auf die hiesige Verbreitung der Jewtuschenko-Novelle in der Übersetzung von Reschke zurückzuführen ist.

Auch wenn es das deutsche Wort vereinzelt, etwa in Nachschlagewerken oder durch persönliche Kontakte, hier und da gegeben hat, bleibt das Verdienst von Thomas Reschke bei der Aufnahme des Begriffes Hühnergott in unseren Sprachgebrauch und dessen endgültiger Kanonisierung im Duden deshalb unbestritten.

Verweile doch!
du bist so schön!

Seit jeher ist den Menschen der Wunsch eigen, schöne Augenblicke und besondere Erlebnisse festzuhalten, sie durch ein Foto, eine Tagebuchaufzeichnung, eine Komposition oder auf andere Art dem Vergessen oder der verblassenden Kontur zu entreißen.

Nichts anderes meint Johann Wolfgang von Goethe, wenn er zum Augenblick sagt: »Verweile doch! du bist so schön!«

Jürgen Bummert hat seine schönsten Begegnungen mit den Hühnergöttern in beeindruckenden Fotografien festgehalten. Er zeigt sie in ihrer angestammten geologischen und fossilen Umgebung, in ihrer Einheit und Harmonie mit den natürlichen Elementen, mit der Brandung des Meeres und dem Strand, der sie beheimatet und an dem sie heute zu finden sind. Aber auch der historisch gewachsene und liebevolle Umgang des Menschen mit den Hühnergöttern wird sicht- und erlebbar. In welcher Form auch immer, ob als Talisman, Schmuck oder Gebrauchsgegenstand, symbolisieren die Glückssteine vom Strand, mit den unterschiedlichsten Sammel- und Besitzmotivationen, die Verbindung des Menschen mit der Natur, seinem Lebensraum.

Fotografie hat als Bildsprache wie jedes Kunstgenre immer auch etwas höchst Artifizielles, weil sie jeweils nur einen einzigen Augenblick einfängt, eine Momentabbildung liefert, unter den vom Fotografen gewollten und geschaffenen Bedingungen.

Bummerts Fotos halten die Oberfläche der Hühnergötter in einem subjektiven Blickwinkel, in konkreten Lichtverhältnissen und in ihrer äußeren Beziehung zur Umgebung, zu anderen Dingen und Erscheinungen, fest. Sie machen damit diese Oberfläche durchlässig und schaffen Raum für alternative Deutungen und Emotionen des Betrachters. Man fühlt sich mitgenommen auf einen Spaziergang entlang der Küste, man riecht die Salzluft des Meeres und hört die Brandung, die den Menschen die Hühnergötter schicksalhaft als Glücksbringer vor die Füße trägt. Es ist ein Minimalismus, dem eine ganz eigene Poesie entspringt, eine Poesie des Kargen und natürlich Schönen, die genügend Raum lässt für das Desertieren ins Fantastische, neue gedankliche Wege, die gleichzeitig zurückführen in längst Vergangenes und den Kreis schließen, den wir fragende und erfüllte Sehnsucht nennen.

Dieses Ineinanderspiel faktischer und fantastischer Welten schafft so einen Zauber, dem alle Träume, Ungewissheiten, Zweifel und Glückseligkeiten offen stehen.

Die Fotografien Jürgen Bummerts sind Liebeserklärungen an die geheimnisvolle Welt der Fossilien und Hühnergötter.

Ein Blick durch den Hühnergott soll Glück bringen.

Fantasieanregende Formenvielfalt

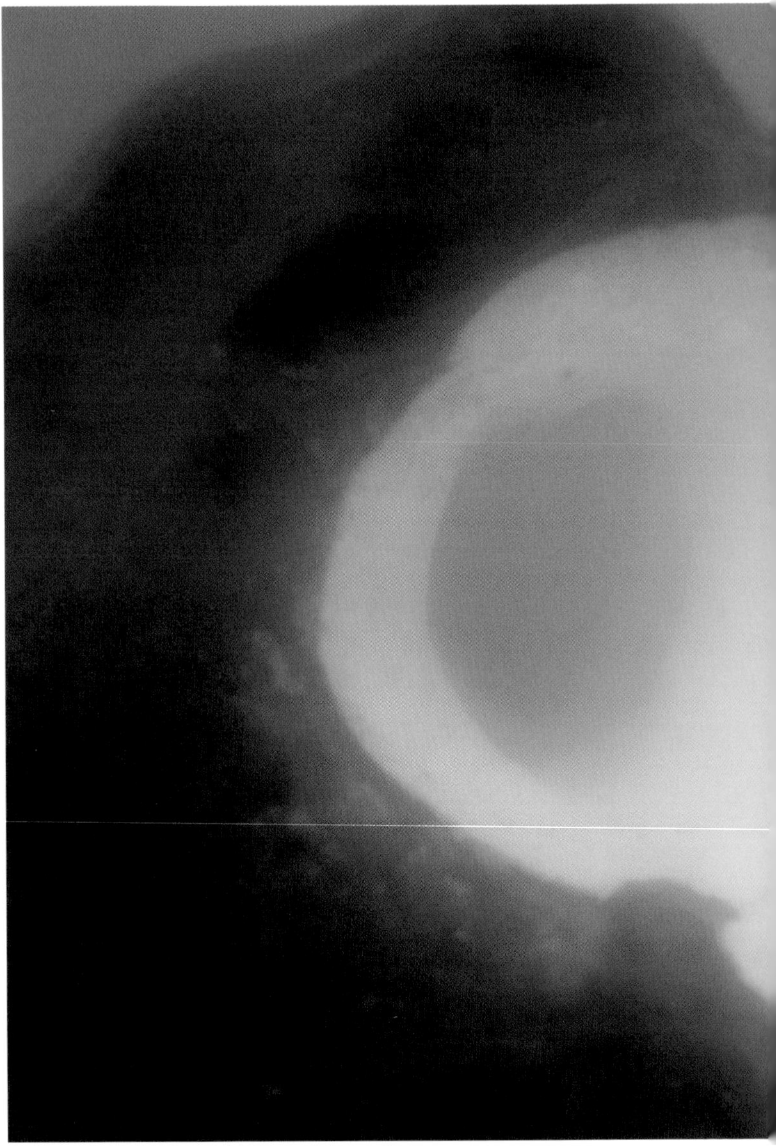

Geheimnisvolle Welt

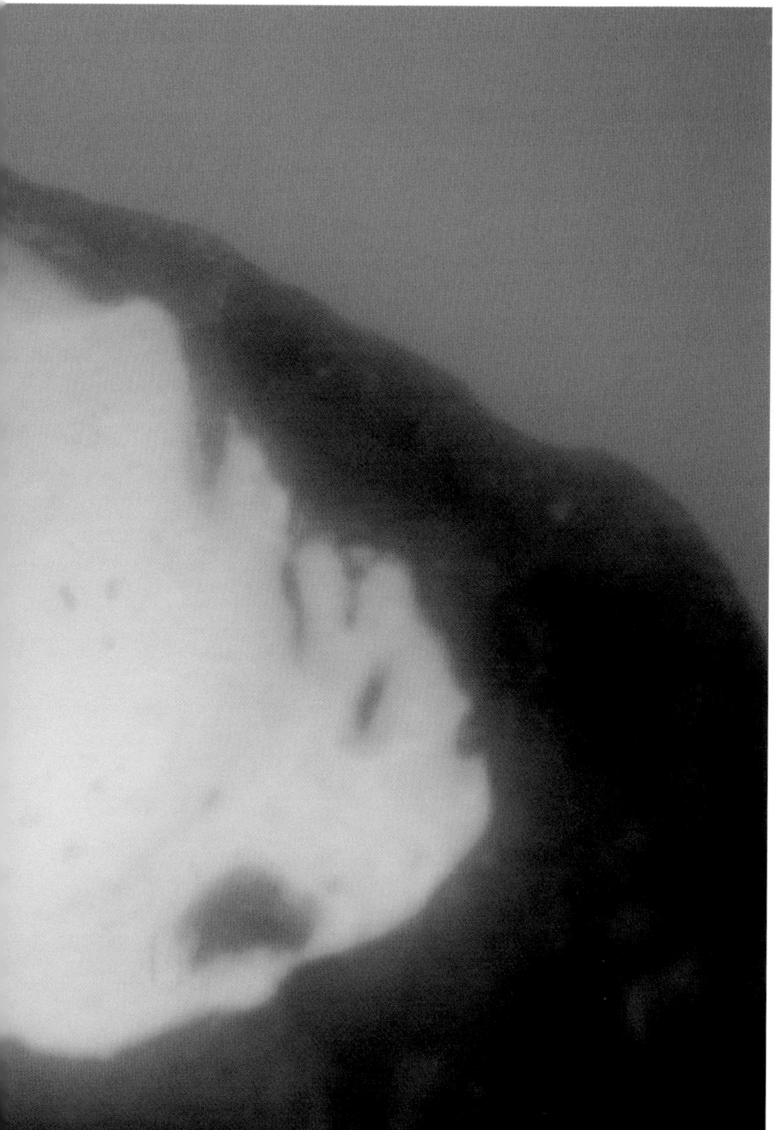

Prachtexemplar im Spülsaum des Wassers

Gewissermaßen eine Fossiliensammlung: Steilküste von Jasmund

Auch Donnerkeile gehören zu den besonderen Fundstücken an der Küste.

Am Strand von Warnemünde

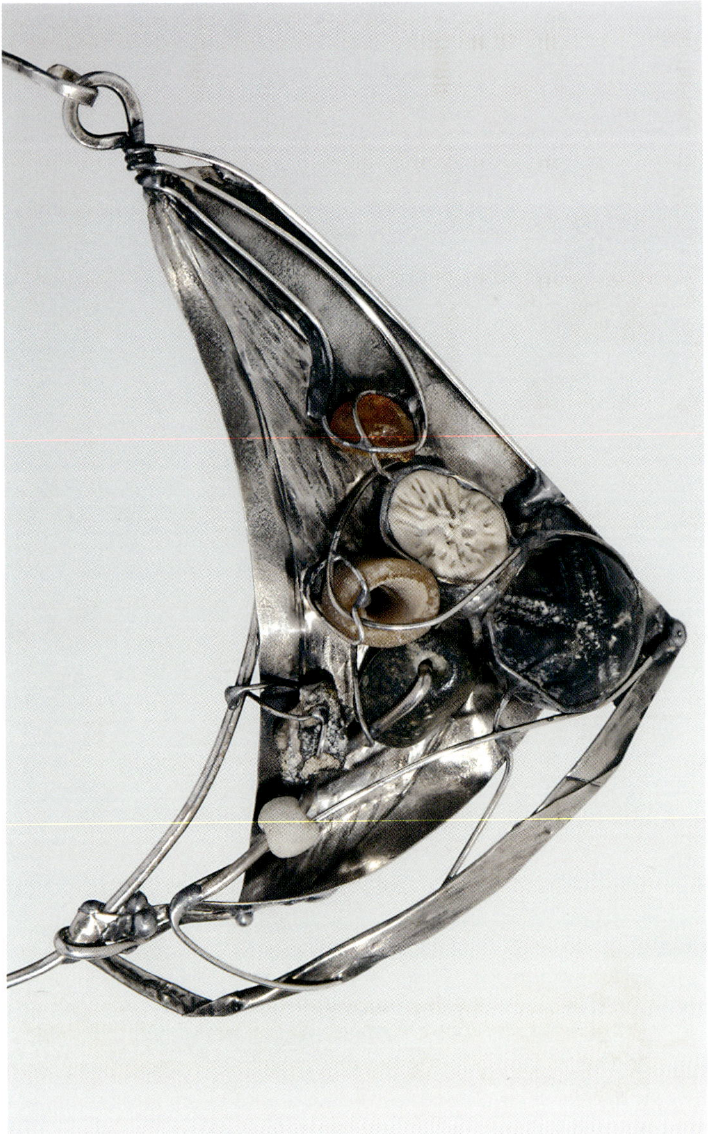

Kunstvoll verarbeitete Funde

Ihren letzten Schliff erhalten Hühnergötter durch die Erosion des Wassers.

Einer wartet immer.

Verweile doch!

Literaturempfehlungen

Rainer Erler,
Die Orchidee der Nacht
13 Erzählungen, darunter
»Der Hühnergott«
Lübbe Verlag, 1988
ISBN 3-785-70465-8

Volker Janke, **Von Hühnern, Göttern und Krimtartaren**, in:
Wolf Karge (Hg.), **Vom Sammeln, von Sammlern und Sammlungen.**
Festschrift für Ralf Wendt zum 65. Geburtstag
Atelier für Porträt- und Historienmalerei, 2001
ISBN 3-00-007810-x

Jewgeni Jewtuschenko,
Der Hühnergott
Verlag Kultur und Fortschritt
»Die Bunte Reihe«, 1966
Nur antiquarisch erhältlich

Manfred Kutscher,
Die Insel Rügen: die Kreide
Herausgegeben vom Verein der Freunde und Förderer des Nationalparks Jasmund e. V., 2002
ISBN 3-00-002684-3

Helmut Nestler,
Die Fossilien der Rügener Schreibkreide
Verlag Westarp Wissenschaften,
Die neue Brehm-Bücherei, 2002
ISBN 3-89432-467-8

Juri Sbanazki,
Der Hühnergott
Der Kinderbuchverlag Berlin
Buchfink-Bücher«, 1973
Nur antiquarisch erhältlich

Erich Thenius / Norbert Vavra,
Fossilien im Volksglauben und im Alltag. Bedeutung und Verwendung vorzeitlicher Tierreste und Pflanzenreste von der Steinzeit bis heute.
Schweizerbart'sche Verlagsbuchhandlung, 1996
ISBN 3-510-610512

Dimitri Zelenin,
Russische Volkskunde
Herausgegeben von Reinhold Trautmann und Max Vasmer
Walter de Gruyter, 1927
Nur antiquarisch erhältlich

Danksagung

Für den fachlichen Beistand bedanken sich Autor und Fotograf beim Ethnologen des Mecklenburgischen Landesmuseums in Schwerin, Volker Janke, und dem Berliner Übersetzer Thomas Reschke.

Außerdem gilt ihr Dank für vielfältig empfangene Unterstützung:

Prof. Dr. Maria Fritz
Dr. Jürgen Scharnhorst
Steffen Nozon
Dieter Holtz
Heidelore Burkhardt
Brigitte Draht
Helga Möller
allen Mitarbeitern der HRO Apotheken

sowie ihren Ehefrauen
Mareile Bummert und Hannelore Priewe.

Bibliographische Information Der Deutschen Bibliothek:
Die Deutsche Bibliothek verzeichnet diese Publikation in der Deutschen Nationalbibliographie; detaillierte bibliographische Daten sind im Internet über http://dnb.ddb.de abrufbar.

© Hinstorff Verlag GmbH, Rostock 2007
Lagerstraße 7
18055 Rostock
Tel. 0381/4969-0
Internet: http://www.hinstorff.de

Alle Rechte vorbehalten. Reproduktionen, Speicherungen in Datenverarbeitungsanlagen, Wiedergabe auf fotomechanischen, elektronischen oder ähnlichen Wegen, Vortrag oder Funk – auch auszugsweise – nur mit Genehmigung des Verlages.

2. Auflage 2007

Herstellung: Hinstorff Verlag GmbH
Lektorat: Dr. Florian Ostrop
Titelgestaltung und Layout: Beatrix Dedek
Druck und Bindung: Westermann Druck Zwickau GmbH
Printed in Germany
ISBN 978-3-356-01186-9